Yoo Ja-Hyo

시인 유자효

심장과 뼈

유자효 시집

심장과 뼈

시학
Poetics

■ 시인의 말

  예순다섯 고개를 넘으며 예기치 않게 대수술을 받게 되었다. 건강을 자신해 오던 나에게는 충격이었다. 젊었을 때는 나이가 들면 좀 초연해질 줄 알았는데 그렇지도 않았다. 이 시집에 실린 시편들은 60대 중반 내 삶의 편린들이다.
  표지화는 이 시집에 수록된 시「고마운 하루」에 나오는 이한우 화백의 작품이다. 핏줄이 흐르는 심장과 단단한 뼈가 '아름다운 우리 강산'의 나무들과 백두대간의 모습이 아니겠는가.

차 례

- 시인의 말
- 작품 해설

본성과 진리에 가닿은 직관의 소리 | 이지엽
고통의 바다에서 헤어 나오기 | 장영우

심장 · 1	13
심장 · 2	14
아픔	15
염려	16
기도	17
일상사	18
투신	20
복	21
시간	22
65세	23
고마운 이들	24
고마운 하루	25
그리운 인도	26
인도로 가는 길	27
코리안 드림	28
염치	29
아그라 가는 길	30

타지마할·1	32
타지마할·2	34
타지마할·3	35
바라나시·1	36
바라나시·2	38
슬퍼할 수 없는 자	39
붓다의 의미	40
왕과 박쥐	41
오르차 궁	42
고운 한국말	43
켄타우루스로의 항행	44
홍콩 창이 국제공항	46
꽃잔치	47
별똥별	48
돌	49
빚	50
윤회	52

다르마	53
도량석	54
뼈다귀	55
기회	56
석양	58
러시아 여인	59
탈북자	60
동전 한 닢	61
수해	62
아내	63
아빠는 안다	64
여든다섯	66
우리가 갈 길	67
장모, 딸 골지르기	68
냄새	69
장수의 끝	70
아침잠	71

선물	72
소나무	73
출판기념회	74
흉터	75
발	76
소통	77
마라토너	78
속도	79
진혼	80
첼로	82
기억	83
이완의 즐거움	84
조선의 길	86
충익사 모과나무	87
이장移葬	88
슬픔	90
어르신	91

용서	92
산사山史 산사散詞	93
청자 주병	94
다시 겨울	95
여행	96
평화	97
바람꽃	98
여름 풍경	99
히말라야	100
분재	101
예순여섯	102

심장 · 1

쿵 쿵 쿵 쿵
63년 10개월 동안을 이렇게 뛰어왔다니
잠시도 쉬지 않고 뛰어왔다니
혹사하고 보살펴 주지 않아도
혼자서 이렇게 뛰어왔다니
아
병을 앓고 있었다니
나도 모르는 병을 앓고 있었다니
그러면서 홀로 뛰어왔다니
63년 10개월 동안을
쿵 쿵 쿵 쿵

심장 · 2

어머니께서 주셨다네요
남들은 석 장 있는 심장 상행 판막을 두 장만 주셨다네요
그래서 대동맥이 부풀어 있다는군요
불쌍한 어머니
아, 그래서 어머니는 그렇게 고통스러워 하셨던가요
젊은 나이에 돌아가실 때도
그래서 갑자기 가셨던가요
어머니께서 주셨다네요
60년하고도 3년이나 더
건강하게 살아온 내 몸을
지금도 펄떡펄떡 뛰고 있는
고마운 심장을
그 아픈 마음을
어머니께서 주셨다네요

아픔

만지지 말아 다오
스치는 바람결에도
자지러지게 아프니
손대지 말아 다오
세상은 아픔투성이
아픔은 무섭지만
정말 싫지만
아픔을 모르면
살아 있는 것이 아니라 하니
아픔과 함께 가야 할밖에

쳐다보지 말아 다오
이제는 눈길에도 참 아프구나

염려

무섭지
가슴을 빠개는 고통
심장을 세우는 공포
혈관을 자르는 두려움
그러나
혼자가 아냐
도와주는 사람들이 있어
이 자리를 거쳐 간 사람들
거쳐 가는 사람들
거쳐 갈 사람들이 무수하단다
너를 살리려는 사람들이
이렇게 많은데
이제 맡겨 둬
염려하지 마

기도

부처님께서 보내 주셨습니다
수술실로 향하기 직전
스님이 날 찾아오셔서
나의 등에 손을 대고 기도를 해 주셨습니다
나는 눈물로 기도를 받았습니다
그 짧은 기도의 시간
나의 지난 세월들이 물결처럼 스쳐 갔지요
수술실로 향하면서 끊임없이
서가모니불과 약사여래불을 불렀습니다
그랬더니
수술실에 들어갔을 때
꿈처럼 무서움에서 벗어날 수 있었습니다
부처님께서 보내 주셨습니다
그렇게 달래 주셨습니다
한없이 자비로운
큰 손이었습니다

일상사

가슴뼈를 빠갠다
심장을 멈춘다
펌프로 피를 강제 순환시킨다
대동맥을 자른다
인공 혈관으로 끼운다
심장을 다시 뛰게 한다

무서움으로
수술 이전에
나는 이미 초죽음이 되어 있었다

수술실에는
초록색 수술복을 입은
10여 명의 젊은 간호사들이
이리저리 오가며
서로 부르며
바쁘게 수술 준비를 하고 있었다

아

이곳에서는

나의 수술도

평범한 일상사 가운데 하나였구나

투신

내가 낳은 자식이지만
자식에게 미안한 것이 참 많습니다
자식이 원하는 것을 해 주지 못했습니다
자식이 살고 싶은 대로 살게 하지 못했습니다
자식이 갖고 싶은 것을 갖게 하지 못했습니다
마침내 자식은 등을 돌리고 나를 떠났습니다
나는 몸을 던졌습니다
극심한 아픔과 고뇌 속에서
가슴을 갈랐습니다
그 기막힌 모습에
자식은 내게 돌아왔습니다
몸을 던져 자식을 찾았습니다
그리고 자식을 건져 내었습니다
그 끔찍한 고통 속에서

복

"어떻게 이렇게 돌아가셨습니까?"
"갑자기 가셨습니다"
"돌아가신 분에게는 오히려 복입니다"
그 말을 듣기 싫어서 수술대에 올랐다

시간

무서운 여름이었습니다
가슴을 열고
부풀어 오른 심장 대동맥을
터지지 않도록 감싸는 수술을 받았습니다
2011년 6월부터 시작된 고뇌의 시간
방황과 갈등을
8월에 모두 끝냈습니다
그 공포, 그 아픔의 강을 건너
이제 다시 견뎌야 합니다
가슴뼈가 붙기까지 석 달의 시간을
그렇게 나의 가을은 갈 것입니다
여름 석 달과 가을 석 달
1년의 반을 바쳐 얻는 것은 무엇일까요
그것은 시간입니다
얼마나 될지는 모르지만
가슴을 손대지 않았을 때보다는
길 것으로 예상되는 시간을 받은 것입니다
시간은 그렇게
목숨을 바쳐 얻는 것입니다

65세

"혈압은?"
"정상입니다"
"당뇨는?"
"없습니다"
"수술받은 적 있으십니까?"
"없습니다"
자랑스레 외쳐 왔건만
이제부터는
"수술받은 적 있으십니까?"
"네"

고마운 이들

나를 염려해 주는 이들이 이렇게 많았구나
자기 일처럼 나서는 이들이 이렇게 많았구나
잊혀진 줄 알았는데
외로운 줄 알았는데
사랑받고 있었구나
보호받고 있었구나
죽을 만큼 어려워야
보이는구나
벼랑에서 소리치니
들리는구나
고마운 이들

고마운 하루

오늘도 아침에 눈을 떴습니다
고맙게도 일찍 눈이 떠졌습니다
이한우의 '아름다운 우리 강산'이 보였습니다
관악산도 보였습니다
이제 장마가 시작되려나 봅니다
일상이 시작되려 하고 있습니다
내가 편집하고 내가 제작할
고마운 하루

그리운 인도

　사람에게 젖을 주어 먹여 살리는 소는 어머니와 같다며 먹지 못하게 한 인도인들이며
　살아 있는 동물들을 죽이지 못하게 한 불교인들
　13억 인구의 60%가 채식주의자인 곳
　가난해야
　알려지지 않아야 성자인 나라

인도로 가는 길

붓다가 발견한
사성제
연기
그의 제자들이 발견한
사성제에 연기에
매이지 않는 길
제자의 제자들이 발견한
거기에도 또 매이지 않는 길

스승이 길을 열어 준 이후
눈부신 제자들이
길을 넓히고 늘려
스승을 더욱 빛나게 하니

길은 하나이나 여럿이고
여럿이나 끝내 하나인 길

코리안 드림

　델리로 가는 에어 인디아에서 만난 인도 청년 잔시는 스물한 살 때 한국에 나와 6년 동안 돈을 벌어 귀국하는 길이다
　인천 공단에서 일한 그는 그동안 한 번도 인도에 가 보지 않았다며 번 돈은 모두 집으로 보냈다 한다
　내 입에는 맞지 않는 인도 기내식을 맛있다며 허겁지겁 먹어 치운다
　나는 별로인 인도 국적기의 서비스가 최고라 한다
　집에 가면 장가를 들고 한국서 배운 기술로 사업을 해 보고 싶다며 꿈에 부풀어 있다
　한국을 떠날 때 회사와 한국 친구들이 많이 섭섭해하고 송별회를 열어 주었다며 고마워하는 인도 청년 잔시
　델리 인디라 간디 국제공항까지 마중 나온 아버지를 따라 펀자브의 집으로 향하며 엄지를 곧추세웠다
　'땡큐, 코리아'

염치

계림을 떠난 혜초 스님이
당을 건너 천축에 이르기까지
반평생이 걸렸던 그 여정을
서울에서 델리까지
비행기로 열 시간 만에 도착하다니
그 엄청난 시간들을
거저 받고도
아직도 인생이 짧다고 푸념하다니
얼마나 더 길어야 하는 것인지
우리 인생은
염치도 없이

아그라 가는 길

세상이 어떻게 돌아가건
트럭 짐칸에 실려 가는 사람들은 아무런 표정이 없고
세상이 어떻게 돌아가건
소년은 관광객들에게 원숭이를 사진 찍게 하곤 돈을 받고
세상이 어떻게 돌아가건
사두*는 벌거벗은 자신의 몸을 사진 찍게 하곤 돈을 받고
세상이 어떻게 돌아가건
개는, 소는 길바닥에 드러누워 낮잠을 자고
세상이 어떻게 돌아가건
움막의 여인은 빗자루로 자기의 것이 아닌 길바닥을 쓸고
세상이 어떻게 돌아가건
화장실 안의 남녀는 이용한 관광객들에게 푼돈을 받고
그 많은 신들이 살고 있는 이 나라의 주민들은

세상이 어떻게 돌아가건
도무지 관심이 없고

---

*인도나 네팔에서 말하는 종교인 또는 성자.

타지마할 · 1

  한국말을 곧잘 하는 스물여섯 살 인도 청년 앙쿠는 델리 대학을 나온 국제 경영학 석사인데 요즘은 한국인 관광객의 폭증으로 가이드가 주업이 됐다

  그에게는 두 살 아래 애인이 있었는데 종교 차이 등의 문제로 어머니가 반대해 결혼에 실패했다고 한다

  그 여자는 많이 울며 그를 떠나갔고 그 뒤 시집을 갔다고 한다

  마음이 착한 여자였다며, 인도에서는 연애결혼이 잘 성사되지 않는다고 말하다 문득 목이 메는 인도 청년 앙쿠

  자기는 버는 돈을 엄마에게 맡기고 타다 쓰는 마마보이라고 말하며 엄마가 데려다 주는 여자에게 장가를 들어야겠다면서 오늘도 이 사랑의 성전에서 손님을 안내하기에 여념이 없다

  한 여자를 얼마나 사랑했던지 결혼 생활 17년에 열네 명의 아기를 갖게 하고 마침내 열네 번째 아기를 낳다 죽은 아내를 위해 인류 초유의 아름다운 무덤을 만든 샤자한

사치스런 무덤 건설에 혈안이 된 그는 사랑하는 여인이 낳은 자식의 손에 의해 권력을 잃고 유폐당하고 아내를 그리다 쓸쓸히 죽어 갔지만
 무굴제국의 영화를 다 쏟아부어 그가 만든 무덤은 사랑의 신전이 되어 오늘날 세계인들을 불편한 인도의 지방 도시에까지 끌어들여 감탄케 하고 눈물짓게 하는 사랑의 블랙홀이 되고 말았다
 사랑을 잃은 자만이 사랑을 아는 사랑의 성소에서 가이드도 관광객들도 자신만의 사랑을 가슴에 안고 한낮의 뙤약볕을 헤매 다닌다

타지마할 · 2

사랑에는 피 냄새가 난다
죽음의 냄새가 난다
아름다운 사랑일수록 더욱 끔찍한
지독한 사랑일수록 더욱 처절한
시체 썩는 냄새가 난다
황홀한 파멸

로미오와 줄리엣
아벨라르와 엘로이즈
오, 샤자한과 뭄타즈 마할

타지마할 · 3

죽은 아내를 위한다고
2만 명을 동원해 22년간이나
대리석 무덤을 만들다니
나라의 살림을 거덜내면서
온갖 호사를 다하고
아내의 무덤이 완공된 뒤엔
똑같은 건축물이 못 나오게 한다고
그 무덤을 만든 이들의 손까지 잘라 버렸다니

왕이란 것은
황제란 것은

수백 년 뒤 세세의 수많은 사람들이
그 호사스런 무덤을 구경하러 오느라
많은 돈을 그의 후손들에게 떨어뜨리니

왕이란 것은
황제란 것은

바라나시 · 1

녹야원
스투파의 돌에 손을 대고
간구하고 있는 여성들은
무슨 바람이 저리 절절할까

사르나트 박물관
부서진 부처 석상의
발부리에 엎드려
울고 있는 젊은 여성은
무슨 아픔을 풀어내고 있는 것일까

전설보다 오래된 도시
전설보다 가난한 도시
사람과 소와 돼지와 개가
함께 어울려 먹고 배설하며 사는 도시
2500년 전
싯다르타가 초전법륜의 사자후를 토했던
이 도시가 안고 있는 녹야원

그러나 아직도 무수한 싯다르타들을
출가시키고 있는
구제할 길 없는
처절한 생로병사의 현장
바라나시여

바라나시 · 2

　불타는 시체들
　화장되는 주인을 찾아 배회한다는 소들
　권역 다툼하는 개 떼들
　인도의 젖줄 갠지스 강
　가난한 삶이 슬프지 않는 사람들
　신이 부를 때까지 스스로를 먼저 포기하지 않는 사람들
　3천 년 전이나, 2천 년 전이나, 천 년 전이나 별로 다를 것 없이 대를 이어 반복되는 삶
　시간이 느리게 흘러가는 곳
　아주 느리게
　가난이 축복일 수는 없지만
　저주일 수도 없는
　그저 살아가는 곳
　삶, 삶, 삶
　그리고 삶들

슬퍼할 수 없는 자

붓다를 지성으로 모셨으나
아들에게 죽은 빔비사라 왕이나
친족들을 모두 척살한 아소카 왕이나
아시아 최고의 회교 사원을 지어 알라에 봉헌했으나
아들에게 유폐당한 샤자한이나
열세 형제를 모두 죽이고 왕이 된 아우랑제브나
연기緣起도 인과因果도 통하지 않는 역사의 진실
그들은 모두 슬퍼하지도 못한다

---

* 아소카의 원음 '아쇽'은 '슬퍼할 수 없는 자'란 뜻을 지녔다 한다.

붓다의 의미

잘 참는 이

왕과 박쥐

왕들이 사라진 궁에
오늘은 박쥐들이 산다
왕은 백성들의 피를 빨아먹으며 살고
박쥐는 짐승들의 피를 빨아먹으며 산다

오르차 궁

왕이 하루를 묵기 위해
10년간 궁을 짓다니
이 끔찍한 비경제

고운 한국말

캄보디아 씨엠립 바라이 호수
한국인 관광객들이 버스에서 내리자 에워싸는 대여섯 살 된 여자아이들
어디서 한국말을 배웠을까
기특도 해라
"언니 예뻐
이쁜 오빠
하나도 못 팔았어요
정말 못 팔았어요"
조잡한 팔찌를 들고 계속 따라오더니
차에 오르자
"좋은 일 있으세요
성공하세요"
마침내 감동한 아내가 1달러를 건네주자
팔찌를 다섯 개나 준다
어디서 저리 고운 한국말을 배웠을까
기특도 해라

켄타우루스로의 항행

태양계에서 가장 가까운 곳에 있는 항성계인
켄타우루스에 간다고 해요
가는 데 백 년
오는 데 백 년이 걸린다 해요
도시 하나를 보내야겠군요
우주선 속에서 백 년 동안 자급자족과 탄생과 결혼과 죽음이 계속 이어지겠죠
그 안에서 정치와 경제 활동과 범죄도 있겠고 경찰 기능도 필요하겠죠
우주선 안에서 태어나 살다가 죽는 거지요
그쯤 되면 지구 위에서 살다 죽는 것이나 우주선 속에서 살다 죽는 것이나 별 차이가 없죠
굳이 지구에서의 삶을 고집할 필요도 없죠
그런 여행을 원할 사람도 있긴 있겠죠
인간이 달에 도시를 만들고
화성에도 사람이 살고
어쩌고 한 한참 뒤에
이루어질 수도 있는 거겠죠

하긴 벌써 의료 관광 시대잖아요
몸이 아프면 병원과 의사를 선택하는 시대가 되었잖아요
돈이 많은 사람은 좀처럼 죽기도 어려운 세상이 돼가잖아요
인간이란 워낙 호기심이 많은 데다가
현대의 기적은 돈이 만드는 시대가 벌써 왔으니
몇백 년 전 신대륙을 찾아 대양을 건너던 선조들처럼
몇백 년 뒤 우리 자손들은 켄타우루스에도 가려 하겠죠

홍콩 창이 국제공항

델리에서 인천으로 가는 에어 인디아 항공기가 홍콩에 멎자 젊은 여성들이 오른다
 한 시간 남짓의 짧은 시간에 그녀들은 시트를 갈고 쓰레기를 치우고 기내 청소를 한다
 그러곤 일제히 내리자 새로운 승객들이 탑승하고 비행기는 목적지를 향해 활주로로 나선다
 경이롭지 않은가
 우리가 사는 이 세상이 이렇게 바쁘게 조화롭게 움직여 간다는 것이

꽃잔치

우주는 거대한 꽃밭
무수한 꽃들이
태어나는 신비
살아가는 이야기
죽음의 슬픔이
언제나 일어나고 있는
우주의 삶은
거대한 꽃밭의 잔치

별똥별

당신이 떠나신 곳은 어디인가요
행여 여기로 올 때 지구로부터는 멀리 떨어지세요
몸을 모두 태워 버리는 매우 위험한 별이랍니다

돌

　세상에
　내가 찬 돌의 나이가 19억 살이라니
　눈에 띄지도 않을 새까만 손주의 발길질이라고 여기겠구나
　이 할아버지의 할아버지의 할아버지는

　피라미드며
　앙코르와트며
　인간이 만든 모든 것은
　아기 중의 아기겠구나

빚

오늘 아침
새로운 생명으로 잠을 깨며
무엇을 하였습니까
소중한 하루를
얼마나 소중하게 가꾸었습니까
귀한 시간을
남을 미워하는 데 허비하지는 않았습니까
가족을 울리는 데 쓰지는 않았습니까
삶의 진실과 무관한 허망한 일에 쏘다니며 보내지는 않았습니까
죽음의 세계에 가깝게 다가서지는 않았습니까
살아 있음은 세상에 빚지는 일
빚진 이로서 겸허하게
함께 살아가는 사람들을 생각해야 합니다
나의 것으로 기쁘게 해 줄 수 있는 것을 찾아야만 합니다
그래서 빚을 갚아야 합니다
점차 가벼워져야 합니다

가벼워지고 가벼워져

끊임없이 가벼워져

마침내는

저 눈부신 석양과 하나 되어야 하겠습니다

내가 비롯된 티끌로 돌아가야 하겠습니다

윤회

신령한 기운이 있어 윤회를 한다고 하더라도 이 두뇌를 그대로 갖고 나지 않으니 부질없는 일입니다

아무것도 기억하지 못하는 나 아닌 내가 다른 몸을 받아 태어난다 하더라도 지금의 나와는 무관하기 때문입니다

차라리 조상의 그늘을 내가 입고 내가 하는 일들이 나의 미래와 내 후손의 그늘이 된다는 것이 설득력 있는 말이겠지요

설령 윤회의 바퀴 위에 얹힌다 하더라도 그것은 전혀 다른 세상의 질서인고로 지금의 나는 어찌할 수 없는 영역에 있을 것입니다

내가 살아 있다는 것을 인식하는 이 시간만이 나에게는 오로지 알파이자 오메가

그래서 지금 이 삶이 윤회의 전체를 아우르는 무게를 갖고 있다고 하겠습니다

다르마

인도어나
티베트어나
중국어나
일본어나
영어나
불어나

한뜻으로 부르나니
그것은
"마음"

도량석

범종이 운다
세상의 만물을 깨우는 소리
잠들기 싫어
두 눈 부릅뜨고 있는 목어를 친다
깨침이 무엇인가
평생 반야심경을 외우면
다다를 수 있는 것인가
무릎이 내려앉도록 생각하면
바라볼 수 있는 것인가
오늘도 못다 한 이룸
못다 간 길

뼈다귀

보았다

살과 가죽 아래 감춰진 단단함

물에도 있었다

심지어 불 속에도

공기에도 있었다

수시로 불쑥 그 모습을 드러내는

보이지 않는

변하지 않는

그리고 결코 죽지도 않는

네 가슴

내 혼 속의

뼈다귀

기회

물소 떼 한 무리가 물을 먹고 있었다

배고픈 사자 무리가 그들에게 접근하고

물소 떼 가운데 오직 한 마리

물을 먹지 않고 주위를 경계하던 우두머리 수소는 사자 떼의 은밀한 접근을 직감했다

이윽고 사자 떼는 모습을 드러내고 물소 떼는 뒤돌아서 달아나기 시작했다

미처 피하지 못한 어린 새끼 물소들의 뒤에서 우두머리 수소는 사자 떼에 맞섰다

사자들은 우두머리 수소에게 떼 지어 달려들었으나 위풍당당한 그를 쓰러뜨리지 못했다

이윽고 달아나던 물소 떼가 돌아와 우두머리 수소와 합세했다

사자 떼들이 물러섰을 때

이변이 일어났다

건장한 젊은 수소가 상처를 입고 힘이 빠진 우두머리 수소를 공격한 것이다

그는 우두머리 수소를 사자 떼에 떠밀곤

무리와 함께 초원 저편으로 유유히 사라지는 것이었다
그날 사자 무리는 온 가족이 종일을 포식하였다

석양

초원 위를 늙은 영양羚羊 어미와 새끼가 걷고 있었다
다리를 절며 걷던 늙은 영양은
난생처음 힘에 부쳐 무릎을 꿇었다
평생 먹이로 했던 풀 위에 무릎을 꿇은 영양은 다시는 일어서지 못했다
마지막 숨을 몰아쉬는 그의 떨리는 몸뚱어리를
초원의 바람이 부드럽게 어루만졌다
그가 뜬 눈으로 마지막 본 것은
장엄하게 불타오르는 초원의 석양이었다
어미 영양이 숨지자
몇 차례 배회하던 새끼 영양은 그곳을 떠났다
잠시 뒤에 나타난 여우는 유목민의 등장으로 먹이를 포기하고 달아나고
영양은 유목민의 개의 차지가 되었다
초원 위에 드러난 영양의 내장은 석양처럼 붉디붉었다

러시아 여인

매주 토요일 저녁이면 아이들을 데리고 터미널 식당에 와서 돼지 국밥을 사 먹이는 러시아 여인
스물대여섯 살이나 되었을까
꾸미지 않아도 흰 눈처럼 하얀 피부의 어여쁜 슬라브 여인이 성장을 하고
아들과 딸도 고운 옷을 입힌 채 데리고 나와
한국말을 못하는지 말 한마디 않은 채
맛있게 돼지 국밥을 먹는 아이들을 물끄러미 바라보다가
자신도 한 그릇을 맛있게 비우고
역시 말 한마디 없이 셈을 치르곤
아이들 손을 붙들고 사라지는데
애비는 없는 것인지
어디서 무얼 하며 사는 것인지
매주 토요일 저녁이면 어김없이 터미널 식당에 아이들을 데리고 와서
돼지 국밥 사 먹는 러시아 여인

탈북자

날보고 탈북자라 부르지 마소
탈북자
그 소리에 눈물 맺히네
고향 산천 부모 형제 모두 버리고
못 먹고 짓밟혀서
넘은 두만강
그 넓은 중국 천지
사냥개에 쫓기는 들토끼마냥
이리 몰리고 저리 몰리다
몇 차례 죽을 고비 넘기고 나서
천신만고 도착한 이남 땅인데
정 붙이고 살기가 이리 어렵네
날 보고 촌스럽다 비웃지 마소
탈북자
그 소리에 피가 맺히네

동전 한 닢

지은 죄도 없으면서
무릎 꿇고 엎드린 사내의 손바닥에 놓여 있는 동전 한 닢
지하철에서 녹음기를 튼 채 손잡고 지나가는 맹인 부부의
비닐 그릇에 담긴 동전 한 닢
이 겨울을 넘기기엔 턱도 없지만
때로는 '고맙다'는 말 대신
"천 원 짜리 한 장 주세요"
돈도 아닌 것으로 천대받기도 하지만
구세군 자선냄비에 넣기엔 눈치가 보이기도 하지만
열 닢이 모이면 라면 한 그릇이 되기도 하고
죽음을 생각하던 사람이 그로 하여 일어서기도 하고
절망을 희망으로 바꾸기도 하는
이 겨울 따스한 동전 한 닢

수해

우리 집 앞 미니스톱은 해마다 물난리가 난다
작년 여름에도 가게에 물이 들어 며칠 동안 퍼내더니만
올여름에는 아예 우면산이 무너져 내려
그 여파로 가게가 완전히 뻘 물에 잠겨 버렸다
비가 그치자 가게 주인이 양수기를 빌려 와 물을 퍼낸다
워낙 큰 수해라 군인이며 자원봉사자들이 동원돼 복구를 하고 있지만
TV며 신문이 수해 보도에 열을 내지만
우리 집 앞 미니스톱도 수해를 입은 줄은 아무도 모른다
가게 주인 혼자만의 비극일 뿐
해마다 물난리를 겪으면서도 이사도 못 가고
비 그친 지 사흘이 됐지만
우리 집 앞 가게 주인은 아침부터 양동이로 물을 퍼내고 있다

아내

세상에서 가장 사랑하는 여자
그 여자를 위해 많은 것을 참고
희생의 의미까지 알게 한 여자
화장품을 고르는 손길이 어여쁘고
화장을 하는 손길이 어여쁘고
투정이 잔소리가 편안해지는
함께 여행하는 길이 행복을 느끼게 하는

그리고 오직 그만의 여자
무척 화나게 하는
자주 미워지는 여자
질투하는 여자
가여운 여자
미안한 여자
늙어 가는 여자
한 남자가 자신보다 오래 살아 주기를
간절하게 바라는
세상에서 오직 하나뿐인 여자

아빠는 안다

엄마가 섭섭하다고 생각하겠지
엄마가 너무하다고 생각하겠지
아빠는 안다
아빠는 보았으므로
그 작은 네 엄마가
남산만한 배를 움켜쥐고
아파서 허리를 펴지도 못하고
아파서 안절부절못하며
어쩔 줄 몰라 하며
절절매던 그 모습을
피를 동이동이 쏟으며
너를 낳던 그 모습을
아빠는 보았으므로
아빠는 안다
엄마는 그 정도 할 만하다
네게 그 정도의 권리는 있다
그걸 너는 알아야 한다
어쨌든 너는

엄마에게 단말마의 고통을 주고
태어난 자식이니까

여든다섯

여든다섯 살 장모가 편찮으시다고
여든다섯 살 장모의 친구가 문병을 왔다
유난히도 덥고 바람 세던 유월 어느 날
닭 한 마리 싸들고
길을 몰라 헤매다가
땀범벅이 되어 간신히 찾아왔다
잠시 만나곤
수박 한 쪽으로 목을 축이곤
여든다섯 살 장모는 딸과 함께 치매 센터로
여든다섯 살 장모의 친구는 전철을 타고 집으로 간다
아파서 슬프고
문병도 슬픈
여든다섯 살 장모와
여든다섯 살 장모의 친구

우리가 갈 길

아침 아홉 시
노인 복지 센터 승합차가 온다
승합차 안에는 멍한 표정의 할머니들이 빼곡히 앉아 있다
'어서 오세요'
젊은 여성이 반가이 맞는다
문이 닫히고
승합차가 떠난다
뽀오얀 어둠이 인다

장모, 딸 골지르기

너 유자효하고 사니?
유자효는 젊은데 넌 왜 이렇게 늙었니?
유자효 참 잘생겼다
너 예순세 살이나 됐니?
참 늙었구나 너

냄새

화장실 바닥에 지린내

걸레에 지린내

소파에 지린내

방에 지린내

옷에 지린내

이불에 지린내

요에 지린내

1남 4녀를 낳아 기르신

오 위대한 냄새

장수의 끝

심장 혈관이 막혔다더니
대상포진이 왔다고 한다
여기저기 자꾸 고장이 난다
소변을 지리더니
치매가 왔다고 한다
눈이 아프고
귀가 안 들리고
몸을 떨기도 하고
생각지도 않은 간질이 와서
한밤중에 119를 불러 병원에 실려 가기도 하고
평생 몰랐던, 모르고 살았던
유전성 병이 나타나기도 한다
응급실에 실려 가기 서, 너 번
마침내 집에 돌아오지 못한다

아침잠

아들네 집 문간
아버지의 방에서 두런두런 얘기 소리가 들렸다
어느 손님이 아버지께 세배를 오신 것이었다
참 오랜만이다
아버지 방에 손님이 계시다니
손님은 가고
대청마루에 아버지와 어머니를 모시고 절을 올렸다
'만수무강하시라' 며 절하는 순간
왈칵
눈물이 솟았다
나는 꺼이꺼이 울었다
실컷 울고 나니 아침에 꾼 꿈이었다

 내 아픈 마음을 달래 주러 아버지께서 그렇게 다녀가셨다

 어머니까지 대동하셨다

선물

"아빠 생신 선물로 등산복과 중절모를 놓고 고민 중인데 어느 게 더 좋으세요?"

"고맙구나. 허나 내겐 네가 바로 선물인데, 네가 와 주면 그게 바로 선물이란다"

소나무

잘라서 두 달을 말리고
반으로 짜개서 두 달을 말리고
장작으로 만들어 두 달을 말리고
마침내 가마에 넣어 불을 붙이면
뽀얀 재만 남기고 사라지는데
깨끗한 죽음의 뒤에 찬란하게 수습되는
고운 자기, 도기들

출판기념회

머리가 벗어졌거나 희어졌거나 한 사람들 모여
악수를 하고
봉투를 내고
자리에 앉으면
가수는 마이크가 터져 나가라 노래를 하고
선물 제공자는 상품 선전을 하고
정치인의 축사가 이어지고
출정식을 한다고 함성을 올리고
무엇들을 하자는 건지
머리가 벗어졌거나 희어졌거나 한 사람들 모여

흉터

아무리 깊은 상처도
시간이 지나면 아물어 가고
아무리 큰 고통도
시간이 지나면 잊혀지지만
흉터는 남아
그 상처를, 고통을
일깨워 준다

발

발이 웃는다
발이 운다
발이 찡그린다
평생 온몸을 떠받치고
모시고 다니느라
더러운 것인 줄 알았는데
발에도 표정이 있다
품격이 있다
예쁘다

소통

깍깍깍깍 깍깍깍
딱딱딱딱 딱딱딱

이제 갓 서기 시작한
기저귀를 찬 두 아기가 대화를 한다

호모사피엔스 전의
크로마뇽인
크로마뇽인 전의
네안데르탈인
네안데르탈인 전의
원생 인류는
몇 가지 단어로 소통했을까

완전한 소통에는
얼마나 많은 말이 필요할까
필요 없을까

마라토너

그는 달린다
가슴이 터질 듯한 고통
숨이 끊어질 듯한 공포
포기하고 싶다
걷고 싶다
쉬고 싶다
눕고 싶다
시시각각
끊임없이 밀려오는
강렬한 유혹을 억누르며
그는 달린다

우리의 인생을 위해
그는 달린다

속도

속도를 늦추었다
세상이 넓어졌다
속도를 더 늦추었다
세상이 더 넓어졌다
아예 서 버렸다
세상이 환해졌다

진혼

보고 싶습니다 선배님
수시로 전화를 걸어 나오라고 호출하시더니
이제는 저의 꿈속에도 들르지 않으시는 걸 보면
이승과 저승은 오갈 수 없는 세계이며
완전한 이별을 뜻하는군요
그 꿈들은 어찌 다 접으셨는지
그것도 일단 저승의 강을 건너는 순간 모두 버리도록 돼 있는 모양이지요
하기야 떠나는 사람에게 이승의 일이 그 무슨 무게가 있겠습니까
오늘은 리비아의 42년 독재자 카다피가 죽었다고 야단들입니다
그렇게 무섭게 여겨졌던 그가
총에 맞고 구둣발에 차이며 끌려다니며
심지어는 항문을 찔리며
한 마리 짐승처럼 숨져 정육점 냉장창고에 버려졌더군요
그도 죽음으로써 이승의 모든 질곡에서 풀려났겠죠

그의 죽음이 오히려 그의 해방으로 비쳐집니다

권력도 부도 욕망도

모두 질곡에 불과하다는 것을

살면서 알기는 어렵습니다

그러나 그것은 결국 놓고 가야 하는 것이며

살아서 놓아야 살아서 풀려난다는 것을 알아야 하겠습니다

보고 싶습니다 선배님

떠나신 후 제 꿈에서조차 자취를 감추신

선배님의 고결한 자존심이

더욱 그리워지는 오늘입니다

첼로

가을의 소리

긴 참음의 뒤
헤어지기 싫어하면서도
헤어져야만 할 때
들리는
고통의 소리

눈물은 흘리지 않는
신음의 소리

남자의 소리

기억

왜 갖고 싶은 기억은 사라지고
버리고 싶은 기억만 남는 것일까
애써 잊어버렸던 부끄러운 기억마저
새록새록 살아나
깊은 밤 잠을 깨우고
회한으로 뒤척이게 하는 것일까

힘든 어른이 내 부모이고
속 썩이는 자식이 내 자식이듯
버리고 싶은 기억만이 온전한 내 것

이완의 즐거움

1
편안하게 앉으세요
손과 발에 힘을 빼세요
팔다리에 힘을 빼세요
목에 힘을 빼세요
어깨에 힘을 빼세요
숨에 집중하세요
생각을 날숨에 실어 내세요
비우세요

2
춤을 출 때 무용수들은 긴장하지요
긴장과 긴장으로 최고도의 기량에 다다랐을 때
그것이 자연스런 행위가 됐을 때
문득 만나는 이완의 세계
완성은 그 순간에 찾아오지요

3
젊은이들의 사랑은 가열하지요
불에 뛰어드는 부나비처럼 사랑에 몸과 마음을 불태우지요
그것을 젊음의 특권이라고 하겠지요
그러나 그 특권은 죽음의 특권이지요
정열의 끝에서 이완을 찾으면 생명이 찾아오지요
생명의 환희는 그 어떤 정열의 기쁨보다도 큰 것이지요
이완하세요
이완하세요

조선의 길

이 겨울
눈은 산과 들을 덮고
눈이 암만 덮어도 가려지지 않고
붉은 살을 드러내는
죄며
슬픔이며
고통이며
그러나 이 겨울
눈 덮인 산과 들을
손수 마련한
고운 옷 입고
꽃신 신고 떠나는
여든 넘은 조선 여인의
아득한 길
아름다워라
그 끝없는 길

충익사 모과나무

경남 의령군 충익사
5백 살 된 모과나무에 열매가 달렸다
분재처럼 늙은 모과나무가
혼신의 힘을 다해 뿜어낸

눈부셨다
늙은 어미의 어린 자식들

이장移葬

저랑 함께 가십시다
어머니
가신 지 36년
하루도 잊고 지낸 날이 없었습니다
그 무서웠던 여름
울며불며
어머니를 산에 파묻고 난 뒤
낯선 주검들과 나란히
주무시고 계시던 일월日月
양지바른 그곳은 편안하셨겠지요
그러나 이제 가셔야 합니다
이 아들이
어머니, 아버지와 함께 있고 싶으니까요
생전의 은원恩怨은 잊으셨겠지만
모자母子의 끈은 깁니다
이제 이 아들의 품에 안겨 떠나십시다
그도 결국은 부질없는 일이겠지만
못난 아들이 하는 짓 따라

이제 함께 가십시다
어머니

슬픔

"꿈이로다 꿈이로다 모두가 꿈이로다"
우리 소리는 대체로 왜 이렇게 슬플까
생각했더니
슬픔이 가장 큰 감정이요
삶의 핵심을 꿰뚫는 감정인고로
그래서 남는 것은 당연히 슬픔의 소리

어르신

어르신 교통 카드를 받았다
이제 전철을 공짜로 탄다
우리나라 노인들의 맨 꽁무니에 섰다

용서

이 세상 모든 생명이
자신을 먹이로 하는 것들을 용서하듯이
이 세상 모든 생명이
먹이가 되는 자신을 용서하듯이
겸허하고 후회하지 않고
분노하지 않았으면
용서했으면 용서했으면
용서하고 용서했으면
그래서 마침내 충만함으로
나의 시간이 마지막까지 채워졌으면

산사山史 산사散詞

내 친구 산사와 함께한 45년은

아내보다도

자식보다도

더 오래 함께한 세월

이제 삶의 한 고비를 접고

조상 계신 터에 살 집을 마련했으니

그대 편안하신가

외로우신가

내 친구 산사와 얼마나 더 함께할까

남은 그 세월

눈부실까

황홀할까

눈물겨울까

청자 주병

긴 목을 쓰다듬어 흐르듯 내려오면
잘록한 허리에서 은밀한 관능의 손
풍만한 둔부의 선은 숨 막히는 황홀함

천 년 전 하늘이여
옥빛으로 밝았던가
숲에는 학이 날고 사슴이 뛰었으리
눈부신 강산의 모습
담았으리
이 병에

상감 무늬 따라 물결치는 장인의 넋
까마득한 뒤에도 오롯하게 전해져
나날이 더욱 새롭게 살아나는 어여쁨

다시 겨울

오래된 영화의 필름처럼 음악처럼
마음에 비 내리는 겨울의 초입에서
밤낮을 방황하다가 잠에 드는 새벽녘

헛되이 쫓아온 꿈들끼리 만나서
뒤엉켜서 살다가 헛되이 돌아서고
끝내는 홀로 감당할 긴 고통이 추워라

이곳이 어디던가 가다가 멈춰 서니
안개 속 등불처럼 나를 맞는 모습들
잊은 줄 알고 있었네
추억 같은 이 겨울

여행

내 평생 많은 여행했다고 여겼건만
이제 와 바라보니
그 많던 여행들이
오로지 한길로 이어진
여행 하나였네

가 보지 못했다고 아쉬워하지 말 것은
그대가 아니 가면
그대의 것 아니니
이 세상 최고의 절경
그대 속에 이미 있네

한 걸음 또 한 걸음 내딛는 발걸음은
겪어 보지 못한 세상
구경하는 짜릿함
내 삶의 마지막까지
가슴 설렌 여행길

평화

향곡香谷이 진제眞際에게 주었다는 화두는
"금시조 앞에 선 용 어찌해야 하는고?"
"옷자락 손으로 잡고 세 발 뒤로 갑니다"

바람 불고 비 오고 눈 오는 세상에서
구름 위 하늘의 고요를 걷습니다
아무도 침노치 못할 평화라고 하더이다

바람꽃

널 보고 떠나려고
연통連通을 넣었더니
너는 이미 나를 떠나
흔적 없이 가 버리고
파르르
떠는 가지에
방울방울
이슬들

여름 풍경

어디 갔나 모두들
홀로 남은
한나절

도시엔 이리 많은
새들이 살아가고

비로소 눈에 뜨이네
쓸쓸해라
한 생애

히말라야

호수는 성자의 모습을 품고 있고
설산은 아득한 피안을 보여 주니
길만이 이곳에 남아 인간들을 이끈다

분재

아프냐
울퉁불퉁
아내의
손마디

밖이 이리 뒤틀렸으니
속은 얼마나 끓였을까

병이라 생각지 마소
연인인 듯
벗인 듯

예순여섯

아버지 세상 뜬 나이 다가서는 이 가을
잠은 점차 줄어들고 근심은 쌓이는데
어떻게 건너셨을까
홀로 이 외로운 강

■ 작품 해설

본성과 진리에 가닿은 직관의 소리

이 지 엽

(경기대 교수)

 유자효 시인은 최근 시집 『주머니 속의 여자』(시학, 2010년 7월)를 출간했다. 그는 이 시집의 에필로그 "서정의 힘"에서 중국, 아이티, 일본 등 지구촌을 휩쓸고 있는 대재앙에 대해 언급하면서 이것과 맞싸우는 인간의 노력이 무엇을 할 수 있을 것인지를 진지하게 묻고 있다.

 광대무변한 우주 속에서 끝없는 생성과 소멸이 반복되고 있다. 지구의 변화도 그 큰 변화 속의 작은 한 부분일 뿐이다. 지구도 언젠가는 소멸할 것이며, 태양계도 언젠가는 소멸할 것이다. 그것이 우주의 큰 순환이다. (…중략…)
 예술은 극한 상황에서도 사람들에게 힘을 준다. 전쟁터

에서도 최소한 나팔수는 필수적이다. 절망적인 상황에서 최후의 돌격을 감행할 때 지휘관은 나팔수에게 나팔을 불 것을 명령한다. 그때의 나팔 소리는 죽음도 두려워하지 않는 힘을 병사들에게 주는 것이다.

—『주머니 속의 여자』, 118~120쪽

 말하자면 이 시집은 이 서정의 힘에 대한 기록들이다. 이와 같은 시인의 시관 때문인지 모르나 그의 시는 참으로 편하게 읽힌다. 살아가면서 느끼는 감정의 물무늬가 크게 저항감 없이 다가온다. 그렇다고 마냥 현실을 아름답게만 바라보지는 않는다. 문명의 거친 부분에 대해서는 눈을 부라릴 줄도 알고 가끔 쓴소리도 한다. 문명의 힘으로 살아갈 수밖에 없는 상황은 표제 시「주머니 속의 여자」에도 잘 나타나 있다. 시도 때도 없이 마구 보내오는 상업용 광고 문구와 음란한 내용들을 "버튼을 눌러 말문을 막아 버리자/ 마침내는 온몸을 부르르 떤다/ 참 성질 대단한 여자"라 비유하기도 한다. 그리고 동시에 「시단詩壇」에서는 "피 뿜으며 쓰러지는/ 검객처럼/ 표연히 사라지는/ 무사처럼/ 진검 승부/ 무도의 길"이라며 단호한 결기를 보여 주기도 한다. 그렇지만 그가 보여 주는 시의 맛은 보다 직관적이면서도 웅숭한 깊이가 느껴지는 데 있다.

　　과거는 화석
　　현재는 생물
　　미래는 희망

화석을 붙들고 울지 말기를

　　　　　　　　　　　　　　—「시간·1」 전문

집 나간 아들을 기다리는
어머니의 손길 같은

아들은 돌아오지 않아도
늘 그곳에 서 있는

험한 세상 샅샅이 훑어
길 밝혀 주는

이제는
늙어 눈자위 짓무른
어머니의 기도 같은

　　　　　　　　　　　　　　—「등대」 전문

　「시간·1」에서 우리가 분류하는 과거, 현재, 미래가 어떻게 다른지 아주 간명하게 보여 준다. "화석" "생물" "희망"은 죽어 있는 것과 살아 있는 실체, 보다 밝은 것에 대한 기대의 간명한 해석이다. 다시 말해 과거=화석, 현재=생물, 미래=희망의 연결은 직관이다. 원관념과 보조관념 사이에 간극이 없다. 딱 맞아 떨어지는 통쾌함이 있는 셈이다. 그의 시적 특성은 바로 이 직관에 있다. 이 직관은 간명하면서도 결코 얕지 않다. 깊이를 가지고 있다. 생에 대한 고민과 아픔을 알고 있는 시인이기에 그렇다. 시인은 동시에 이 짧은 시구 안에서도 "화석을 붙들고" 우는 일반인들의 무모함에 대해서 알뜰한 충고를 하고 있다.

「등대」라는 작품에서 "등대"를 "어머니"로 보는 것은 일반적인 비유의 원칙을 무시한 것으로 보일 수 있다. 원관념과 보조관념의 관계는 추상과 구상으로 나눌 때 대개 역의 관계로 비유를 쓰기 때문이다. 구체적인 것을 구체적인 것으로 비유하는 것은 어렵다. 왜냐하면 구체적인 것은 각각의 상을 가지고 있기 때문이다. 그러나 이 시에서 등대는 "어머니의 손길"과 "어머니의 기도"로 비유되고 있음을 우리는 주목할 필요가 있다. "어머니의 손길"이되 그것은 "집 나간 아들을 기다리는" 존재고 "아들은 돌아오지 않아도/ 늘 그곳에 서 있는" 존재고 "험한 세상 샅샅이 훑어/ 길 밝혀 주는" 손길이니 그 손길은 "등대"라 말해도 전혀 진부하지가 않다. 더욱이 이 작품의 묘미는 마지막 연에 있다. "이제는/ 늙어 눈자위 짓무른/ 어머니의 기도 같은" 등대를 말하고 있는데 이 표현은 시인의 특징인 직관의 시학이 아주 두드러지게 나타나는 부분이다. 등대를 보면 낡고 오래된 묵은 감정들이 떠올라서 별로 새롭게 느껴지거나 애틋함도 점점 사라져 가는 현대인들의 심리를 일순간에 정곡을 찔러 확 잡아내고 있기 때문이다.

시인의 이러한 시적 특성이 이번 근작시들에도 잘 드러나고 있다. 「켄타우루스로의 항행」은 현실에 쉽게 안주하지 못하는 현대인들의 심리를 보여 준다. 이 시에 나타나는 현대는 "의료 관광 시대" "몸이 아프면 병원과 의사를 선택하는 시대"고 "돈이 많은 사람은 좀처럼 죽기도 어려운 세상"이며,

"기적은 돈이 만드는 시대"다. "가는 데 백 년/ 오는 데 백 년이 걸린다 해"도 "태양계에서 가장 가까운 곳에 있는 항성계인 켄타우루스"를 가려고 하는 호기심 많은 현대인들. 그러니 "우주선 속에서 백 년 동안 자급자족과 탄생과 결혼과 죽음이 계속 이어"질 수밖에 없을 텐데 그래도 이 항행을 결행하려는 무모함을 담담하게 그려 내고 있다. 시인은 이러한 현실을 날카롭게 비판하지 않는다. 다만 보여 줄 뿐이다. 판단은 독자에게 유보해 놓고 있는 셈이다. 그리고 보면 시인은 확실히 관용이 넓은 사랑을 가지고 있음을 알 수 있다. 이 점은 「심장·2」를 보면 더욱 확실하게 알 수 있다.

> 어머니께서 주셨다네요
> 남들은 석 장 있는 심장 상행 판막을 두 장만 주셨다네요
> 그래서 대동맥이 부풀어 있다는군요
> 불쌍한 어머니
> 아, 그래서 어머니는 그렇게 고통스러워 하셨던가요
> 젊은 나이에 돌아가실 때도
> 그래서 갑자기 가셨던가요
> 어머니께서 주셨다네요
> 60년하고도 3년이나 더
> 건강하게 살아온 내 몸을
> 지금도 펄떡펄떡 뛰고 있는
> 고마운 심장을
> 그 아픈 마음을
> 어머니께서 주셨다네요
>
> ―「심장·2」 전문

「심장·2」에서 시인은 최근 알게 된 심장의 이상을 어머니에 대한 기억과 연결하고 있다. "남들은 세 개 있는 심장 판막을 두 개만 주셨"는데 "그래서 대동맥이 부풀어 있"어 언제 터질지 모르는 위험함을 가지고 살아가지만 이 기형의 잘못 때문에 어머니가 혹시 "젊은 나이에" 갑자기 돌아가시지 않았을까 하는 연민으로 치환시키고 있다. 그것을 탓하지 않고 오히려 어머니에 대한 사랑으로 바꾸고 있는 것이다. 이 연민과 사랑이 바탕이 되어서일까.「용서」와「슬픔」에서는 시인의 직관적 시학이 보다 큰 물줄기를 이루고 있어 주목을 끈다.

> 이 세상 모든 생명이
> 자신을 먹이로 하는 것들을 용서하듯이
> 이 세상 모든 생명이
> 먹이가 되는 자신을 용서하듯이
> 겸허하고 후회하지 않고
> 분노하지 않았으면
> 용서했으면 용서했으면
> 용서하고 용서했으면
> 그래서 마침내 충만함으로
> 나의 시간이 마지막까지 채워졌으면
>
> ―「용서」전문

> "꿈이로다 꿈이로다 모두가 꿈이로다"
> 우리 소리는 대체로 왜 이렇게 슬플까
> 생각했더니
> 슬픔이 가장 큰 감정이요

삶의 핵심을 꿰뚫는 감정인고로
그래서 남는 것은 당연히 슬픔의 소리
—「슬픔」 전문

시「용서」와「슬픔」에서 시인은 더 큰 울림의 소리를 생각하고 있다.「용서」에서 시인은 "이 세상 모든 생명이/ 자신을 먹이로 하는 것들을 용서하듯이" "겸허하고" "분노하지 않았으면" 좋겠노라고 말한다. "자신을 먹이로 하는 것들을 용서"한다는 것은 모든 것을 다 용서한다는 말일 것이다. 자신의 적과 원수까지도 용서한다는 것이니 그 어떤 사악한 것이 남아 있을 수 있겠는가. "용서하고 용서했으면/ 그래서 마침내 충만함으로/ 나의 시간이 마지막까지 채워졌으면" 하고 바라는 시인의 마음은 대의를 생각하고 있는 것이다.

「슬픔」에서 "꿈이로다 꿈이로다 모두가 꿈이로다" 하고 탄식하는 것은 "헛되고 헛되다 모든 것이 헛되도다"라는 『전도서』 12장 8절의 솔로몬 왕 고백과도 같다. 솔로몬 왕은 야심을 버리지 못하고 있던 아도니야 그리고 아도니야를 지지했던 대제사장 아비아달과 요압 장군, 다윗을 저주했던 시므이 등 모든 정적을 제거하였고(왕상 2:13-46) 견고치 못한 자신의 왕권을 강화하기 위하여 주변 강국이던 애굽과 결혼 동맹을 맺었는데(왕상 3:1) 이 같은 구실로 비가 무려 700명, 빈이 300명(왕상 11:3) 모두 1000명의 부인을 둔 쾌락의 삶을 살았다.『잠언』 3000편과 1005편의 노래를(왕상 4:32) 만든, 살아서 모든 영화를 누린 솔로몬이 인생이 "헛되다"고 고백한 것이다. 나옹 화상의 누님이 동생인 나옹에게 스스로 읊었다는 「부운浮雲」이라는 제하의 빼어난 선시에도 나오는 "공수래공수거空手來空手去" 역시 같은 내용이다. 시인은 "우리 소리는 대체로 왜 이렇게 슬플까"하고 묻는다. 그러고는 "슬픔이 가장 큰 감정"이기 때문이고 "삶의 핵심을 꿰뚫는 감정"이기 때문이라고 말한다. 핵심을 뚫는다는 것은 하나로 통한다는 것, 바로 직관이다. 틈새가 없는 온전한 하나이기 때문에 그렇다는 것이다. 「용서」에서 "용서하고 용서했으면/ 그래서 마침내 충만함으로/ 나의 시간이 마지막까지 채워졌으면"하고 바라는 시인의 마음은 대의와 상통한다. 그러므로 "용서"나 "슬픔"은 큰 울림의 소리다. 인간의 본성과 진리에 가닿는 직관의 소리다. 이는 「도량석」에서 "깨침이 무엇인가/ 평생 반야심경을 외우면/ 다다를 수 있는 것인가/ 무릎이 내려앉도록 생각하면/ 바라볼 수 있는 것인가"라고 묻는 "깨침"과도 흡사하다. 물론 시인은 "오늘도 못다 한 이룸/ 못다 간 길"을 따라 끊임없이 부침하는 존재고, 실은 우리 모두 그렇지만 '인간의 본성과 진리에 가닿는 직관의 소리'를 추구하는 정신은 시적 대상과 틈새가 없는 온전한 하나를 위하여 늘 시인의 언저리를 따뜻하게 감싸 줄 것이라 믿어 의심치 않는다.

(『시와환상』, 2011년 가을호)

■ 작품 해설

고통의 바다에서 헤어 나오기

장 영 우

(동국대 교수)

　유자효 시인의 이력은 독특하다. 서울대 사범대 불어과를 졸업한 그는 KBS 기자로 파리 특파원까지 역임했고, 이후 SBS 논설위원실장을 지내고 이사로 사임할 때까지 30여 년 동안 방송인으로 일해 왔다. 그는 훤칠한 키에 서구적 외모를 지닌 데다가 웬만한 성우 뺨칠 미성美聲의 소유자여서 5척 단신 동년배나 선후배 문인들의 부러움의 대상이다. 그런 그가 하필이면 시조로 등단한 것은 하나의 사건이 아닐 수 없다. 외모로나 대학 전공으로나 한국 토종과는 전혀 거리가 멀어 보이던 그가 시조에 관심을 보일 줄은 누구도 예상하지 못했던 까닭이다. 그는 1968년 약관의 나이로 〈신아일보〉 신춘문예에 시가 입선하고(서정주 선), 〈불교신문〉 신춘문예에 시조가 당선했으나(김상옥 선) 문인으로서 초기 활동은 미미했다. 그것은 서울대 불어과 재학생이라는 독특한 신분과 이후 KBS 기자라는 직업에서 연유한 어쩔 수 없는 일이었을 것이다. 1960년대 서울대에서는 창작을 희망하는 학생들에게 교수들이 "시나 소설을 쓰려면 서라벌 예대 문예창작과나 동국대 국문과에 갈 것이지 왜 여기 왔느냐."고 핀잔을 주었다고 전해지거니와, 유자효도 그런 분위기에서 썩 자유롭지 못했을 것이다. 그리고 졸업 후 방송사에 취직하면서 더욱 문학과 거리를 둘 수밖에 없었을 터이다. 그럼에도 불구하고 그는 40년 넘게 뚜벅뚜벅 시를 발표해 온 현역 시인이다. 세련된 외모와는 달리 은근한 뚝심은 그가 토종 한국 사내임을 명백히 증거하고 있다.

방송인으로서의 삶을 정리하고 비로소 본격적 시인이 된 그의 새로운 스케줄은 대부분 문학과 관련된 일로 짜여 있다. 각종 문학지의 원고 청탁과 강의, 강연 요청에 응하고 시와시학회장, 지용회장, 구상선생기념사업회장 등으로 문인들과 어울리면서 예전 못지않게 바쁘게 지내고 있다. 정지용문학상을 비롯해 유심작품상, 현대불교문학상, 편운문학상, 한국문학상 등 굵직굵직한 문학상을 수상하며 시인으로서 전성기를 구가하고 있는 것이다. 외모가 단정하고 매너 또한 세련된 그의 언행은 서구적 의미의 '신사'의 풍모가 어떤 것인지를 몸 전체로 알려 준다. 이순을 훌쩍 넘긴 그의 일거수일투족이 동년배 문인들의 형태와 구별되는 것은 그가 파리 특파원으로 지내며 체득한 문화적 감각과 방송인으로 지내면서 습관

화된 절제 탓일 것이다. 하지만 그의 글에서는 독한 박래향이나 느끼한 서구 문화의 현학이 감지되지 않는다. 그것은 그가 하필이면 토종의 시조를 쓰는 데다, 문학과 삶의 바탕에 불교적 사상과 진리가 깊게 배어 있기 때문일 터이다.

 유자효의 근작시는 육체적 고통으로 인한 신음으로 흥건하다. 그러나 그 고통과 신음은 삶의 절망적 순간에 빠진 자의 단말마적 절규가 아니라 육체가 갈라지고 찢기는 아픔을 이겨 내며 새로운 삶을 획득한 자의 고고지성呱呱之聲과 닮아 있다.

> 무섭지
> 가슴을 빠개는 고통
> 심장을 세우는 공포
> 혈관을 자르는 두려움
> 그러나
> 혼자가 아냐
> 도와주는 사람들이 있어
> 이 자리를 거쳐 간 사람들
> 거쳐 가는 사람늘
> 거쳐 갈 사람들이 무수하단다
> 너를 살리려는 사람들이
> 이렇게 많은데
> 이제 맡겨 둬
> 염려하지 마
>
> ―「염려」 전문

화자는 아마도 큰 수술을 받기 전의 환자인 모양이다. 그는 "가슴을 빠개"고 "심장을 세우"며 "혈관을 자르는" 대수술을 받아야 할 위급한 상황에 놓여 있다. 이 정도의 수술을 하려면 전신마취를 할 터이므로 환자는 아무 고통도 느끼지 못하겠지만, 수술실에 들어가기 전의 공포와 두려움은 어떤 방법으로도 잊거나 지워 버릴 수 없다. 그런데 화자는 스스로를 달랜다. 나는 혼자가 아니라고, 나를 도와주고 살리려는 사람이 저토록 많으니 염려하지 말라고, 자신의 병든 육체와 나약한 마음을 다독거리고 있는 것이다(그것은 화자의 자위일 수도 있고 가족이나 의사의 위로일 수도 있다). "이 자리를 거쳐 간 사람들/ 거쳐 가는 사람들/ 거쳐 갈 사람들이 무수하"다는 대목에서 우리는 하루에도 수십만 명의 환자의 생사가 수술대에서 결정된다는 사실을 새삼 확인하기에 이른다. 그리고 모든 의료진과 환자의 보호자가 그를 살리려 최선을 다한다는 점을 깨닫고 안도한다. 많은 사람들이 다행히도 이와 같은 대수술을 받지 않고 지내지만, 이 시의 화자는 특별한 체험을 통해 세상과 새로운 교감을 한다. 그것은 자신의 삶이 자기만의 것이 아니라 자기 주변의 무수한 사람들의 관심과 노력으로 이루어진 것이라는 사실의 확인이다.

> 만지지 말아 다오
> 스치는 바람결에도
> 자지러지게 아프니
> 손대지 말아 다오

세상은 아픔투성이
아픔은 무섭지만
정말 싫지만
아픔을 모르면
살아 있는 것이 아니라 하니
아픔과 함께 가야 할밖에

쳐다보지 말아 다오
이제는 눈길에도 참 아프구나

―「아픔」 전문

    통풍痛風이란 병은 발가락에 바람만 스쳐도 찌를 듯한 동통疼痛을 수반한다고 하여 붙여진 이름이다. 위 시에서 "스치는 바람결에도/ 자지러지게 아프니"라고 호소하는 환자는 마치 통풍 환자처럼 자신과 관련된 사소한 인연에도 아파한다. 그러므로 화자가 손대거나 만지지 말라고 말하는 것은 화자가 심각한 외상外傷을 입어서라기보다 스쳐 가는 인연과의 작은 이별이나 불화에도 마음에 상처를 받는 여린 마음을 지녔기 때문이다. 하지만 불교에서 이 세상을 '고해苦海'라 비유한 데서 알 수 있듯 우리의 일상적 삶은 온통 '아픔투성이'다. 삶과 죽음, 사랑과 이별, 믿음과 배신…… 등 하나같이 고통 아닌 것이 없다. 이별과 죽음의 고통이 너무 크고 깊어 피하고 싶지만 사랑과 삶을 포기할 수 없는 것이 또한 인간에게 주어진 숙명이기도 하다. 사정이 그렇다면 우리는 우리에게 주어진 사랑과 삶의 기회를 보다 적극적으로 받아들일 필요가 있다. 그것은 사랑과 삶의 즐거움만 선택적으로 수용하겠다는 것이 아니라 그에 따른 상처와 고통까지 모두 포용하겠다는 적극적이고 대승적인 삶의 인식 태도다.

일반적으로 통증은 사물과의 직접적 접촉에서 발생하는 감각이다. 그런데 이 시의 화자는 "스치는 바람결에도/ 자지러지게 아프"다는 차원을 넘어 "눈길에도 참 아프"다고 느끼는 지경에 이르러 있다. 말하자면 그의 통증은 촉각에서 비롯되는 것이 아니라 모든 감각과 의식(眼, 耳, 鼻, 舌, 身, 意, 色聲香味觸法), 즉 몸과 마음 전체로 느끼는 것이다. 이 세상이 고통으로 이루어져 있다고 인식하면서 그 고통을 몸과 마음 전체로 느낀다는 것은 결국 고통을 있는 그대로 받아들여 거기에 순치되었다는 사실을 뜻한다. 삶이란 원래 고통스러운 것이며, 고통이 없는 삶은 곧 죽음과 다를 바 없다는 깨달음은 말 그대로 죽음에 이를 정도의 고통을 체험하지 않고서는 도달하기 어려운 경지다. 이렇듯 삶을 고통 그 자체로 받아들이면 나와 인연을 맺은 모든 것이 더욱 사랑스럽고 안타깝게 여겨진다. 주지하듯, 그러한 마음을 불가에서는 흔히 '자비'라 일컫는다.

대수술을 받기 전까지 화자의 삶은 앞만 보고 질주하는 마라토너의 맹목성을 닮았는지 모른다. 마라톤은 흔히 길고 험난한 인생 그 자체로 비유되거니와, 그 과정은 "가슴이 터질 듯한 고통/ 숨이 끊어질 듯한 공포"(「마라토너」)의 연속이어서 체력과 의지가 약한 사람은 완주完走하는 것조차 쉽지 않다. 마라톤은 처음부터 끝까지 오직 자신만을 믿고 의지하며 달려야 한다. 그런 점에서 마라토너의 최대의 적은 끊임없이 뛰지 말고 걷거나 쉬고, 아예 누워 버리라고 꼬드기는 내면의 유혹일 것이다. 달리기를 멈추는 순간 육체적 고통과 공포는 순식간에 사라질 것이고, 중간에 포기했다고 하여 사회적 책임을 지거나 신체적 형벌을 받아야 하는 것도 아니다. 그런 점에서 달리기를 멈추라는 내면의 꼬드김은 우리가 삶의 중대한 고비에서 항상 마주치곤 하는 실패나 좌절을 뜻할 뿐만 아니라, 우리 사회의 부정한 세력과의 은밀한 거래나 결탁을 의미하는 것일 수도 있다. 그러므로 신체적 고통과 내면적 유혹과 싸우며 달리는 마라토너는 가장 정직하고 순결한 정신의 소유자라 할 수 있으며, 마라톤이란 그런 점에서 우리 자신의 인생을 위한 달리기에 다름 아닌 것이 된다.

> 시시각각
> 끊임없이 밀려오는
> 강렬한 유혹을 억누르며
> 그는 달린다
>
> 우리의 인생을 위해
> 그는 달린다
>
> ―「마라토너」부분

가슴이 찢어질 듯한 고통 속에서 달리기를 포기하라는 내부의 끈질긴 유혹을 이겨 내고 완주하는 마라토너의 태도는 삶의 고통에 순응하면서 작은 인연에도 마음 아파하는 마음과 완전하게 일치한다. 이 시의 화자는 마라토너가 아니라 마라톤 경주에 참가한 선수를 바라보는 관찰자이지만, 마라토너와 철저하게 동일화되어 있다. 화자는 자신이 마치 마라토너가 된 것처럼 격심한 고통과 공포를 느끼며 포기하려는 유혹에 저항한다. 그 마음이야말로 중생이 병들어 있으므로 자신도 병을 앓겠다던 각자覺者의 마음과 통하는 것이다.

근대 과학 기술의 발달로 우리는 예전에 경험해 보지 못한 놀라운 속도의 세계를 살게 되었다. 속도의 체험은 우리에게 경이와 쾌감, 전율과 공포라는 이중적 감정을 느끼게 해주었을 뿐만 아니라 세계관과 가치관의 근본적 변화를 초래하였다. 근대 이전에는 서울에서 부산까지 가는 데 한 달이란 시간이 소요되었으나 지금은 KTX로 세 시간이 채 안 걸린다. 그것은 서울과 부산 간의 거리에 변화가 생겨서가 아니라 엄청난 속도로 달리는 기차가 공간을 단축시킨 것이다. 속도는 우리의 일상과 밀접하게 연결되어 있어 매사를 그것과 연관시켜 생각하고 행동하지 않을 수 없다. 속도가 우리의 삶을 근본적으로 충격한 것은 사실이지만, 그 충격이 반드시 긍정적인 것만은 아니다. 현대인은 스스로 속도를 지배하지 못하고 그것에 지배당하는 삶을 살아가는 존재로 전락하고 말았기 때문이다. 최근 일부 지식인이나 종교에서 '느림의 철학'을 새로운 삶의 화두로 삼은 것도 그러한 사정과 관련된다.

> 속도를 늦추었다
> 세상이 넓어졌다
> 속도를 더 늦추었다
> 세상이 더 넓어졌다
> 아예 서 버렸다
> 세상이 환해졌다

―「속도」 전문

KTX에서는 원경遠景을 바라볼 수 있을지 몰라도 가까운 것은 보지 못한다. 그러나 완행열차를 타거나 아예 걸으면 길섶의 작은 들꽃이나 시냇물에서 튀어 오르는 송사리를 볼 수 있다. 아예 걷기를 멈추고 서거나 앉으면 들꽃의 모양과 냄새를 확인할 수 있고, 시냇물 돌 틈에 사는 가재도 발견할 수 있다. 속도가 빨라짐에 따라 우리의 삶이 한결 편리해진 것은 부정할 수 없지만, 그 때문에 잃은 정신적 여유나 한가閑暇의 가치 또한 결코 간과할 만한 게 아니다. 위 시는 불과 여섯 행의 짧은 내용에 똑같은 단어의 반복적 사용과 변주를 통해 '느림의 철학'의 정수精髓를 꿰뚫고 있다. '속도' '세상'이란 가장 기본적인 어휘와 '늦추다' '버리다' 란 동사의 적절한 활용을 통해 '넓어지다' '환해지다' 라는 놀라운 결과를 창조하는 언어의 마술을 연출하고 있는 것이다. 속도만을 추구하면 목표에 도달하는 시간은 단축할 수 있을지 모르나 보다 소중한 것을 잃을 우려가 더 많다. 셰익스피어의 작품 가운데 "끝이 좋으면 다 좋다(All's well that ends well)"는 제목의 희곡이 있거니와, 이 말은 때로 과정보다 결과만을 중요시

하는(The end justifies the means) 목적론 혹은 공리주의에 대한 변호의 논리로 이용된다. 서구 근대 철학은 행위의 도덕적 평가 기준을 '동기'에서 찾으려는 이마누엘 칸트 철학과 '결과'에서 찾으려는 제러미 밴담 및 존 스튜어트 밀의 철학으로 선명하게 구분되는데, 속도를 늦춤으로써 보다 넓고 큰 세계를 발견한 위 시의 화자는 칸트의 관점에 보다 근접한 사고를 가진 것으로 보인다. 속도를 늦추고 늦추다 마침내 정지한다는 것은 일상적 삶의 경쟁에서 한발 물러나거나 아예 경쟁을 포기하겠다는 선언으로 읽힐 수 있다. 경쟁에 뒤처지거나 참여하지 않음으로써 물질적 손해를 입을지라도 정신적 풍요와 자유를 얻을 수 있다면 그것은 결코 밑지는 일이 아니다. 화자가 속도를 늦춘 뒤 세상이 보다 넓고 환해졌다고 인식하는 것은 결국 이 세상이 아름답고 살 만한 곳이라는 점을 알았다는 뜻이기 때문이다.

유자효의 근작시는 대체로 모어의 기층基層을 이루는 어휘들로 쓰여 독자들에게 친숙한 호소력을 갖는다. 또한 기상천외한 상상력이나 기발한 반전을 의도하지 않고 다소 진부하기까지 한 점층과 대조, 나열의 기법을 통해 잔잔하고 진한 공감을 유발한다. 이를테면 「아픔」에서는 '아프다'라는 어감의 단어가 모두 다섯 번('아픔' 4, '아프다' 1) 나오고, 「속도」는 '속도를 늦추다' / '세상이 넓어지다'라는 진술의 반복으로 한 편의 시가 완성된다. 이러한 단순하고 절박한 언술이 의외로 커다란 공감을 유발하는 것은 행간行間에 숨겨진 삶에 대한 통찰과 지혜가 그만큼 넓고 깊기 때문이라 보인다. 우리가 어려서 배워 결코 잊을 수 없는 기본 어휘들로 삶의 고통과 아픔 그리고 그것을 이겨 내고 순화하는 지혜를 절박하게 노래한 시편들에 비해 「윤회」는 다소 사변적이고 설명적이다.

> 신령한 기운이 있어 윤회를 한다고 하더라도 이 두뇌를 그대로 갖고 나지 않으니 부질없는 일입니다
> 아무것도 기억하지 못하는 나 아닌 내가 다른 몸을 받아 태어난다 하더라도 지금의 나와는 무관하기 때문입니다
> 차라리 조상의 그늘을 내가 입고 내가 하는 일들이 나의 미래와 내 후손의 그늘이 된다는 것이 설득력 있는 말이겠지요
> 설령 윤회의 바퀴 위에 얹힌다 하더라도 그것은 전혀 다른 세상의 질서인고로 지금의 나는 어찌할 수 없는 영역에 있을 것입니다
> 내가 살아 있다는 것을 인식하는 이 시간만이 나에게는 오로지 알파이자 오메가
> 그래서 지금 이 삶이 윤회의 전체를 아우르는 무게를 갖고 있다고 하겠습니다
> ―「윤회」 전문

가슴을 빠개고 심장을 세우는 큰 수술을 받고 난 뒤 이 시인은 현세의 삶과 내세의 삶, 즉 윤회에 대해 새삼스런 성찰을 하게 된 걸까. 사바세계의 모든 중생이 현세의 생을 다하면 그 업業에 따라 지옥, 아귀, 축생, 아수라, 인간, 천상의 여섯 가지 세상에 번갈아 태어난다는 윤회 사상은 불교의 가장

기본적인 교리 가운데 하나다. 윤회는 철저하게 선인선과善因善果 악인악과惡因惡果의 인과관계 지배를 받으며 육도윤회를 반복하는 것이어서 이 또한 괴로움이 아닐 수 없다. 그러므로 불교의 궁극적 가르침은 극락왕생이 아니라 육도윤회에서의 완전한 탈출, 즉 해탈을 목표로 한다. 이 시의 화자는 설령 자신이 죽어 내생에 좋은 곳에 태어난다고 해도 그와 자신과는 아무 관련이 없다고 말한다. 현생의 삶과 완전히 단절된 내생의 삶은 그 자체로 새로운 생이므로 현생의 나로서는 관여할 수 없다는 것이다. 내생에 좋은 삶을 살기 위해 선업을 쌓기보다 내 현생의 다소 안락하고 평안한 삶이 조상의 선업 덕분이라 여겨, 후손들에게 덕이 돌아가기를 바라는 마음으로 착하게 살아간다는 의식이 소중하다고 이 시의 화자는 생각한다. 이러한 현세주의는 '지금-여기'에서의 삶이 가장 소중하다는 불교적 가르침과 일맥상통한다.

> 운문 화상이 소참법문小參法門 때 대중에게 물었다.
> "보름 전의 일에 대해서는 묻지 않겠다. 보름 이후의 일에 대해 한 마디 일러보라."
> 대중이 모두 침묵하자 화상이 스스로 대답했다.
> "날마다 좋은 날이로다."
> ─『벽암록』제6칙, '雲門日日好日'

'날마다 좋은 날(日日是好日)'은 원래 백여덟 공안 가운데 하나지만, 그 뜻이 워낙 좋아 요즘은 일반인에게도 널리 회자되고 있는 구절이다. 그것은 과거에 연연하지도 말고 앞날을

미리 걱정하지도 말며 오직 오늘 하루의 삶에 충실하라는 가르침이다. 오늘이 좋으면 어제가 좋은 것이고 내일도 당연히 좋을 수밖에 없다. 오늘은 어제의 내일이고 내일의 어제이기 때문이다. 그러므로 오늘을 충실히 산다는 것은 결국 전체 삶을 보람차게 살아간다는 의미로 환치된다. 이 시의 화자는 "내가 살아 있다는 것을 인식하는 이 시간만이 나에게는 오로지 알파이자 오메가"라고 '지금-여기'에서의 삶에 충실할 것을 다짐한다. 지금까지 우리 모어의 가장 기본적인 어휘로 웅숭깊은 삶의 오의奧義를 형상화해 온 시인이 이 대목에서 '알파' '오메가'란 외래어(단순한 외래어가 아니라 기독교의 『요한계시록』에 나오는 "나는 알파와 오메가요, 처음과 나중이요, 시작과 끝이라"란 선언을 연상케 하는) 구절을 쓴 것이 다소 어색하지만(이런 지적도 시인의 더 깊은 뜻을 헤아리지 못한 분별심에서 나온 것일지 모르나), 그 정신은 운문 화상의 '날마다 좋은 날'이란 법어의 요체를 정확히 이해한 것으로 보인다.

유자효는 시인은 과묵하고 굼뜬 걸음으로 사십 년 넘는 세월 동안 시와 시조를 써 온 '현역'이다. 그는 최근 괄목할 정도로 시업詩業에 빠져드는 모습을 보이고 있다. 몇 년 동안의 열정과 몰두 이후 그는 근작시를 통해 속도를 다소 늦춰 세상을 넓게 바라보면서도 삶을 위해 일정한 보폭과 속도의 달리기를 멈추지 않겠다는 단호한 의지를 드러낸다. 이러한 절제와 지속의 균형 감각이야말로 유자효의 근작시가 이뤄 낸 정신적 성취일 것이다. 그는 현생에서의 삶이 고통이라는 것을 깨닫고 그곳에서 헤어 나오기 위해 천천히, 쉬지 않고 유영遊泳한다. 그리고 그 유영의 시간이 현세의 삶에 있어서 가장 소중하고 아름다운 순간이라는 사실을 누구보다 잘 이해하고 있는 시인인 것이다.

(『불교문예』, 2011년 겨울호)

시인 유자효

1947년 부산 출생.
서울대를 졸업하고 KBS와 SBS에서 일했다.
은퇴 이후 시 쓰기에 전념하고 있다.
13권의 시집과 5권의 산문집을 냈다.

E-mail: yoojahyo@hanmail.net

심장과 뼈

지은이 | 유자효
펴낸이 | 김재돈
펴낸곳 | 시와시학 도서출판
1판1쇄 | 2013년 3월 14일
출판등록 | 2010년 8월 10일
등록번호 | 제2010-000036호
주소 | 서울 종로구 명륜동1가 42
전화 | 744-0110
FAX | 3672-2674

값 8,000원

ISBN 978-89-94889-48-1 03810

* 저자와의 협의에 의해 인지를 생략합니다.
* 잘못된 책은 바꾸어 드립니다.